JN108777

miss

happen

attend

# 棒人間で覚える英単語

create

creation

creator

高英令奈。
TAKAEI Rena。

hire　pay

work

collect

depend

Please!

mean

ミーン
ミーン

public

文芸社

## はじめに

　我が家には３人の子供たちがいますが、何故か３人共がそれぞれ別々の方法で実用レベルの英語を習得しています。母国語である日本語同様に、読む、書く、聞く、そして話すことができます。

　過去に遡って思い出して考えてみると、きっかけは、長女が２歳ごろに言い出した「大きくなったら、外人さんになりたい！」という一言からでした。その時から、我が家の英語学習への取り組みが始まったと言えます。

　我が家は転勤族で、長女が２歳頃には風光明媚な観光地に住んでおり、素敵な外国人観光客を大勢目にする機会が日常的にありました。娘が外国人に憧れて、外人さんのようになりたいと思うのも無理はありません。両親とは異なる言語で、ニコニコしながら頭を撫でられ、"Pretty!" などと言われたりして、子供心にドキドキしてしまっていたのでしょう。私たち夫婦は、ごく普通の日本人でしたが、愛娘の願いを何とか叶えるために知恵を絞ることになりました。

　最初はまず形から入ることにして、部屋を何となく外国風にすることにしました。幸い室内は真っ白い壁の洋室だったので、あっという間にそれらしい雰囲気になりました。絵本や玩具もなるべく英語で書かれたものを取り寄せ、カラフルな部屋にしました。娘が着る洋服なども、よく海外から通販で取り寄せました。今ならネットで簡単にできますが、そういったものがな

い時代だったので、結構大変でしたが、楽しかったです。

　私達夫婦が次に考えたのは英語の音を浴びるように聞かせることでした。これは、母国語である日本語を娘に教える時も繰り返し繰り返し話しかけることで、娘が私達の口元を見たり、表情を観察したり、何より音を耳で聞いて日本語を覚えているのだと思ったからです。口元や表情は難しいと思ったので、英語の音を一日中聴かせました。私達は英語をネイティブのように発音できないので、書店などの音声教材に頼ることにしました。２部屋しかない狭い家だったので娘がどの部屋にいても英語の音を浴びるように聴くことは簡単にできました。

　教材は、英語の発音が美しくて、メロディも綺麗なカーペンターズのCD、ディズニーの名曲集や童話の英語版など、書店で手に入る物や、絵本市で海外の絵本を探して購入しました。昼の間や、寝かしつける時もとにかく聴かせました。その結果、２歳の娘はしばらくすると絵本の表紙を見せると、文章をスラスラと暗唱できるようになってしまいました。好きなことや楽しいことは本当によく覚えるんだなあと思いました。また、母国語である日本語をおろそかにしないために、同時進行で日本語の絵本もよく読み聞かせました。自分の耳で聴き取れない音は、発音もできないのだと考え、日本語、英語両方の言語の音を根気よく毎日聴かせました。

　間もなく私達はまた転勤して、夫の両親と同居することになり、今度は田舎の広い家に引っ越したので、これまでのように朝から晩まで浴びるように英語の音を聴かせることは不可能になってしまいましたが、４歳頃までしっかりと英語を聴かせた

ことにより、長女は英語を耳で捉えられるようになっていたのだと思います。中学１年生になり初めて学校で英語を習い、最初は劣等生でしたが、英検４級を受験し合格すると英語に自信がつき、教科として好きになり中学生のうちに準２級まで合格できました。これも幼い頃に音に慣れていたおかげか、さらに高校卒業までに準１級に合格してますます英語に熱が入りました。大学を卒業して社会人になった今でも、変わらず学び続けているようです。

　ここまでは長女の学習法を書いてきましたが、長男はまた別の方法で英語の習得に成功しています。長男は、夫の両親と同居し始めた頃に生まれたので、長女ほど英語の音を聴いていません。英語の学習を始めたのもかなり遅かったのです。彼を見ていると、英語の学習を始めるのに、早いとか遅いとかは全く関係なく、やりたいと思った時がその時なのだと感じます。

　長男は、中学生になり初めて英語を学校で学び、その時すでに高校に上がっていた姉を見て、かっこいいと思ったようでした。姉は中学時代、イギリス人のALT（外国語指導助手）の先生と英語で話し、洋画は字幕なしで観ることができるほどでした。それを見た長男はスイッチが入ったように急に英語学習に一生懸命になりました。

　彼の学習法で一番特別なのは、単語の覚え方です。どんどん増える単語を、楽しく忘れにくくするにはどのように覚えるか。どのように脳にこびりつかせるか。そこで彼が考えたのは、一つの単語にじっくりと向き合って、その単語が何を意味するのか、どのような状況で使われるのかなどを考えた上で、その単

語を棒人間と絵で表現するという方法でした。毎日飽きることなく取り組んで、せっせとノートに書く、書きまくる。棒人間と絵をセットにして覚える方法でした。これなら誰にでも真似しやすいし、長女の時のように狭い空間で浴びるように英語を聴かせるのが不可能でも、取り組みやすいのです。英語を学習する上で、単語数を増やすのは音をたくさん聴くのと同じくらい大切だと思います。

彼の棒人間単語ノートは何十冊にもなり、楽しんで覚えたことは脳にこびりついて定着し、大学卒業の時に試しに受験した英検１級は見事一発合格！　TOEICのスコアは、高校卒業時点で910点、先日受験した時のスコアは965点（満点は990点）でした。夢中になって覚えた単語はしっかりと脳にこびりつきます。どんな努力も夢中になることには敵わないと思います。この学習法がみなさんの英語学習のお役に立てれば幸いです。また、この本をきっかけに、英語学習に夢中になれる学習法を思いつくきっかけになれば本当に嬉しいです。


次女の学習方法は、上の２人のやり方をミックスして、英語を読み上げながら書く、音読筆写法、シャドウィングを毎日やり続けました。

３人ともに共通することは、日常生活で英語に触れる機会を増やす、英語の本をたくさん読む、英語をたくさん書く、自分がなりたい人になるために自ら進んでやる。以上のことをやり続けることだったと思います。

## なぜ棒人間を使って覚えるのか（長男談）

　英語を習得することにおいて必要不可欠なのは、何と言っても語彙力です。英語の単語帳というと、英単語に対して主要な意味が日本語でいくつか書いてあり、例文がついているものが多いと思います。単語帳に載っているこういった情報は、英単語を新しく覚える際に十分な取っ掛かりになると思いますが、意識して繰り返し見たり、何十回とノートに書いたりして「忘れないための決死の努力」をしないと、次の日には忘れてしまっていたり、いざ使おうと思った時（学生さんの場合ですと、テストの時など）に適切な英単語が思い出せなかったりすると思います。英語学習をしたことがある方なら、誰でも経験していると思います。

　では、単語帳でせっかく覚えた英単語を一生忘れないようにし、なおかつネイティブのように、使いたい場面で使いたい単語を自然に取り出せるようにするにはどうしたら良いのでしょう？　人間の記憶は、五感に強烈に結びついているものほど、長く残ると言われています 。そこで高校生の時に私が考えた方法は、「英単語の意味を表す絵を描いて、イメージで覚えてしまう」という方法でした。絵に自信がなかったので、簡単に描ける棒人間を使って、各単語の本質的な意味を考えて、それを一発で分かるような絵にして意味とともにノートに描いて、イメージで覚える。単語によっては覚えやすさを優先して、ダジャレや語呂合わせのようなものを棒人間で描いて覚えました。

初めは絵にするのが難しく時間がかかってしまっていましたが、慣れると一単語を、英単語、日本語の意味、絵を合わせて30秒程で仕上げられるようになりました。この方法の素晴らしい点は、覚えたい英単語の意味を絵に描いてみることで、英単語を文字として単純に丸暗記するのではなく、イメージとして脳に定着させることができるという点です。棒人間なら絵に自信がない方でも描けると思います！

　例えば、run「走る」という単語を覚えたい時に、「走る」という文字だけで覚えようとするよりも、ものすごい勢いで走っている棒人間の絵を描いてrunという単語をイメージで覚えられるようにした方が、効率が良いのです。さらに、その棒人間にビジネスバッグを持たせて、背景に会社をイメージさせるビルや、機械類をイメージさせる歯車のようなものを書き込めば、「走る」という基本の意味だけでなく、「経営する」、「（機械を）運転する」という派生の意味までもイメージで覚えられます。

　そもそも、私たちが日常で使っている日本語のほとんどは、文字による意味や定義で学んでいません。親やきょうだいが使っているのをたくさん聞いて、どの場面で使うのが適切なのかを何となくイメージで覚えていくうちに、自然に使えるようになったはずです。ですから、こうして棒人間を使ってイメージで単語を覚える方法の方が、語彙を習得するのには自然な方

法なのです。ノートに意味を何度も書くよりも脳にとっては覚えやすいのだと思います。私は実際この方法で単語を覚えるようになってから、単語の意味を忘れにくくなりました。そのおかげか、英検1級合格、TOEICは特に勉強することもなく、毎回の受験で950点以上のスコアを未だに保てています。

　最初は時間がかかると思いますが、一つ一つの英単語の意味に向き合い、イメージで覚えることによって、ネイティブのように自然に単語を操れるようになり、覚えた単語を一生忘れないようになるでしょう。

## この本の使い方

　この単語帳には、覚えた単語を忘れにくくし、脳に定着させる様々な工夫があります。英単語とそれに対する主要な日本語の意味に加えて、その単語に適したイメージの棒人間の絵が付いています。自力で絵にするのが難しい場合は、この絵をそのままノートに描いて覚えるのも良いでしょう。また、余白を、自分の覚えやすい絵や、単語を辞書で調べて発見したことなどをメモするスペースに使ってみてください。もともとある絵を参考にしつつ、是非自力でオリジナルの絵を描くことにチャレンジしてみてください。自分で頭を使ってひねり出したイメージほど覚えやすいと思います。更に、全ての単語に対して例文が付いているので、どのような状況で使われるのかは例文を参考にしてみてください。一部の例文には、他の単語の例文とつなげて読むと、ストーリー性があるものもあるので、楽しんで

続けられると思います。単語は一日30個ほど覚えるといいと思いますが、目安でしかありませんので、無理のない量で、着実に語彙力を積み重ねていってください！

# begin 動

**意味** を始める、始まる
**使い方** Let's begin !
「はじめましょう！」 begin-began-begun

---

# build 動

**意味** を建てる、造る
**使い方** I'd like to build a castle here.
「ここにお城を建てたいです」 build-built-built

---

# destroy 動

**意味** を破壊する
**使い方** It is not OK to destroy my sand castle.
「私の砂のお城を破壊するのはダメです」

---

# climb 動

**意味** に登る
**使い方** Anybody wants to climb these 365 steps?
「この 365 段の階段を登りたい人はいますか？」

# forever 副

意味 永久に、絶え間なく

使い方 It takes forever to go up these stairs.
「この階段を上るのは永久に時間がかかる」

---

# communicate 動

意味 を伝える、伝達する

使い方 A baby communicates
its needs by crying.
「赤ちゃんは泣くことに
よって欲求を伝えます」

---

# cross 動

意味 を横切る、交差させる

使い方 I saw a turtle cross the street.
「亀が道を横切るのを見ました」

cross one's mind 「〜の頭をよぎる」
It crossed my mind that he may crossed the line. 「彼は
一線を越えてしまったのではないかという考えが、私の頭をよ
ぎった」

# draw

**意味** （線）を引く、（絵、図）を描く

**使い方** I drew a picture of an eggplant.
「ナスの絵を描いたんだ」

draw-drew-drawn
It is difficult to draw the line between good and evil.「善悪の線引きをする（区別をする）のは難しいです」

---

# straight

**意味** まっすぐな、直立した

**使い方** I drew a straight line.
「直線を引いた」

---

# drop

**意味** を落とす、落ちる

**使い方** He dropped out of school.
「彼は学校を中退した」

drop out of「退学する、退部する、中退する」

# fall 動

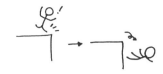

意味 落ちる、転ぶ

使い方 I fell on the ground.
「転んでしまったんです」 fall-fell-fallen

---

# expect 動

意味 ～を期待する

使い方 They expected her to be a doctor.
「彼らは彼女が医者になることを期待していた」

---

# hire 動

意味 (人) を雇う

使い方 She hired a private teacher for her daughter.
「彼女は娘のために家庭教師を雇った」

---

# grow 動

意味 を栽培する、成長する、になる

使い方 She grew up to be a doctor.
「彼女は成長して医者になった」 grow-grew-grown

# proud 形

意味 誇り高い

使い方 I am very proud of my daughter.
「娘をとても誇りに思います」

---

# happen 動

意味 （出来事が）起こる

使い方 What happened?
「何が起きたの？」　happen to do「偶然～する」

---

# find 動

意味 を見つける、気づく

使い方 I happened to find a nice restaurant near my house.
「家の近くにいいレストランを偶然見つけた」
find-found-found

---

# discover 動

意味 ～を発見する、～を知る(that)

使い方 I discovered a hidden treasure.

「私は隠された宝を見つけた」
cover（覆い）を dis（取り去る）
→隠されていたものを見つけるイメージ

# hold 動

意味 を持つ、つかむ

使い方 Hold on !
「つかまって！」 hold-held-held

# invite 動

意味 （人）を招待する

使い方 They invited me to the party.
「彼らは私をパーティに招待した」

# join 動

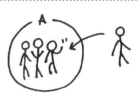

意味 （に）加わる、参加する

使い方 Join us, if you want.
「参加したかったら参加してね」

# mean 動

意味 を意味する
使い方 What do you mean?
「どういう意味？」　mean-meant-meant

---

# pass 動

意味 を通り過ぎる、手放す、
　　　（試験に）合格する、（時間が）経つ
使い方 Pass me the soy sauce please.
「お醤油を取ってください」

---

# plant 動

意味 を植える
使い方 My mother planted some roses in her garden.
「お母さんは庭にバラを植えた」

---

# shout 動

意味 （を）叫ぶ、大声で言う
使い方 Don't shout in my ear !
「耳元で叫ばないで！」

# spend 動

意味 （時間、お金など）を費
やす、使う

使い方 I spent all my savings on buying a new car.
「貯金のすべてを新しい車の購入に費やしました」
spend-spent-spent

---

# understand 動

意味 を理解する
使い方 I don't understand.
「理解できない」
understand-understood-
understood

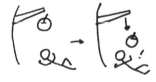

---

# throw 動

意味 投げる
使い方 Don't throw your cat at me !
「私に向かってあなたのネコを投げないでください！」
throw-threw-thrown

# wake 動

意味 を起こす、目がさめる（up）
使い方 I woke up at 7 in the morning.
「朝7時に起きました」 wake-woke-woken

---

# quick 形

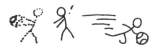

意味 （速度、動きが）速い、素早い
使い方 Cats move very quickly.
「ネコはとても素早く動く」

---

# usual 形

意味 いつもの、普通の
使い方 He looks different from his usual hair style to-day.
「彼は今日いつもの髪形と違うように見える」

---

# unusual 形

意味 普通でない、珍しい
使い方 That's unusual！
「それは珍しいねぇ！」

# lovely 形

意味 美しい、素敵な
使い方 Look at that lovely lady over there.
「あっちにいるステキな御婦人を見てごらんよ」

# guess 動

意味 ～を推測する
使い方 I guess that she is around 40 years old.
「彼女は大体 40 歳くらいだと推測します」

# judge 動

意味 ～を判断する、～に判決
　　 を下す
使い方 Don't judge a book by its cover.
「(諺) 外見で人や物を判断するな」

# lively 形

意味 元気の良い
使い方 My grandma is lively for her age.
「祖母は年の割には元気です」

# public

**形** **意味** 公共の

**名** **意味** 一般の人々←→private

**使い方** There is a public library in this town.
「この町には公立図書館がある」

# private

**意味** 私的な、個人的な、民間の、私営の

**使い方** My aunt gives me private piano lessons every Wednesday.
「おばさんは私に毎週水曜日にピアノの個人レッスンをしてくれる」

# personal

**意味** 個人の、個人的な

**使い方** This is a personal matter between you and me.
「これは君と私の個人的な問題だ」

# own 形

意味 自分自身の

使い方 He got so drunk that he even forgot his own name.

「彼は酔っ払って自分の名前さえ忘れてしまっていました」

---

# quiet 形

意味 静かな

使い方 Be quiet!

「静かにして！」

---

# strange 形

意味 奇妙な、見知らぬ

使い方 I happened to find a strange creature.

「偶然にも奇妙な生き物を見つけてしまった」

---

# seem 動

意味 〜のように思える

使い方 It seems like a dog.

「犬のようです」

# maybe 副

意味 たぶん、ひょっとすると
（約50％の確信度）

使い方 Maybe it is a cat.
「多分ネコだよ」

# perhaps 副

意味  もしかすると、たぶん（約
30〜40％の確信度）

使い方 Perhaps the doctor living nearby knows what this is.
「もしかしたら近所のお医者さんが、これが何なのか知っているかもしれません」

# probably 副

意味  たぶん、おそらく（約80〜
90％の確信度）

使い方 The doctor said that it is probably a dog.
「そのお医者さんは、それはおそらく犬だと言った」

# certainly 副

意味 確かに、きっと、（返事として）いいですよ、もちろん

使い方 This strange creature certainly is a dog.
「この奇妙な生き物はきっと犬だろう」

# expensive 形

意味 高価な

使い方 I bought her an expensive watch.
「彼女に高価な時計を賞った」

# cheap 形

意味 安い

使い方 This expensive looking watch is actually really cheap.
「この高価そうに見える時計は実はめちゃくちゃ安い」

# include 動

意味 〜を含んでいる、〜を含める

使い方 The price of this watch includes taxes.
「この時計の値段は税金を含んでいます」

# decide

意味 （を）決める、決心する
使い方 I decided to study abroad in the U.S.
「アメリカに留学することに決めた」

# intend

意味 〜を意図する
使い方 I intend to go to Canada next year.
「来年はカナダに行こうと思っています」

# interested

意味 興味を持った
使い方 I am interested in studying English.
「私は英語の勉強に興味がある」

# interesting 形

意味 おもしろい、興味のある

使い方 This book is interesting.
「この本は面白い」

# excited 形

意味 （人が）興奮した

使い方 I am excited about tomorrow's soccer game !
「明日のサッカーの試合にわくわくします！」

# exciting 形

意味 人を興奮させる、ハラハ
ラさせるような

使い方 The soccer game was really exciting !
「サッカーの試合は本当にわくわくしたね！」

# especially 副

意味 特に、とりわけ

使い方 I like fruits, especially apples.
「私は果物が好きで、とりわけリンゴが好きだ」

# already

**意味** すでに、もう

**使い方** I am invincible because I have already finished my homework.
「すでに宿題を終えたので私は無敵だ」

---

# yet

**意味** （否定文で）まだ（〜していない）、（疑問文で）もう

**使い方** Actually, he hasn't finished his homework yet.
「実は彼はまだ宿題を終えてはいない」

---

# exist

**意味** 存在する、生きながらえる　※ UMA ＝ 未確認動物

**使い方** I don't believe that ghosts exist.
「幽霊は存在しないと思う」

---

# alone

**意味** ひとりで

**使い方** I was alone in my room then.

「わたしはその時部屋にひとりでいました」

# inside 副

意味　内部に、内側に

使い方　I heard voices from inside the room.
「部屋の中から声が聞こえた」

# outside 副

意味　外に、外側に

使い方　I parked my bicycle outside.
「私は外に自転車を停めた」

# reach 動

意味　に着く（≒arrive at)、
　　　に達する

使い方　I finally reached at the top of the cliff.
「ついに崖の頂上に到着した」

# spread 動

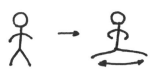

意味　を広げる、広がる

# flow 動

意味 流れる、注ぐ(into, through)、溢れる

使い方 The river flows into the sea.
「その川は海に注ぐ」

# hang 動

意味 ぶら下がる、を掛ける、すがりつく、さまよう

使い方 Hang your coat on the hock.
「コートはフックにかけてください」
hang-hung-hung

# lay 動

意味 を置く、横たえる、(卵)を産む

使い方 She laid her baby on the bed.
「彼女は赤ちゃんをベッドに横たえた」
lay-laid-laid

# lie 動

意味 横たわる

使い方 I lied down on my bed.
「ベッドに寝転んだ」
lie-lay-lain

# breathe 動

意味 呼吸する、息をする

使い方 My aunt can breathe under water.
「私の叔母は水中で息ができます」

# rise 動

意味 上がる

使い方 I saw the sun rise in the west today.
「今日太陽が西から昇るのを見ました」
rise-rose-risen

# flat 動

意味 平らな、起伏のない

使い方 The earth is round, not flat.

「地球は丸く、平らではない」

# lie 動

意味 嘘をつく

使い方 Don't lie to me !
「私に嘘をつくな！」
規則動詞のため lie-lied-lied と変化する

# lift 動

意味 〜を持ち上げる

使い方 You must be strong to lift me.
「この私を持ち上げるなんて、あなたは力持ちに違いない」

# raise 動

意味 を上げる、を育てる、を提起する

使い方 Raise your hand if you don't like celery.
「セロリが嫌いな人手を上げて」

31

# sink 動

意味 沈む、を沈める

使い方 I saw him sink into the lava.
「彼が溶岩の中に沈んでいくのを見た」

sink-sank-sunk

---

# prefer 動

意味 ～をすることを好む、～
したい、～をより好む

使い方 I prefer wine to beer.
「私はビールよりもワインが好きだ」

---

# hate 動

意味 を憎む、～することを嫌う

使い方 In fact, I hate beer.
「実際、ビールは大嫌いだ」

---

# feed 動

意味 ～に食べ物を与える、～
を養う、～を供給する、（を）常食する（on）

It is my responsibility to feed the dog.
「その犬に餌を与えるのは私の責任です」
feed-fed-fed

---

# taste

意味 ～を味わう、～の味がす
る

使い方 Dog food of this kind tastes extremely delicious.
「この種類のドッグフードは非常に美味だ」

---

# burn

意味 ～を焼く、燃える、～を
火傷させる

使い方 Newspapers burn really well.
「新聞紙はよく燃える」
burn-burnt-burnt

---

# mix

意味 ～を混ぜる、混ざる

使い方 Don't mix these chemicals.
「これらの化学物質を混ぜてはいけません」

# wish 動

**意味** ～ならよいのにと思う、
　　　～したいと思う、望む

**使い方** Sometimes I wish I were a bird.
　　　「鳥だったら良いのになあと時折思います」

---

# wonder 動

**意味** ～かしらと思う、(を)
　　　不思議に思う

**使い方** I wonder who he is.
　　　「彼は誰なのかしら」

---

# imagine 動

**意味** (を) 想像する

**使い方** Can you imagine what life would be like without cellphones?
　　　「携帯電話無しの生活を想像できますか？」

---

# trust 動

**意味** (を) 信用する、信頼する

使い方 I trust you.
「信頼してる」

# cheer 動

意味 ～を元気づける、～に声
援を送る

使い方 Her delicious meals cheered him up.
「彼は彼女のおいしい食事で元気づけられた」

# roll 動

意味 転がる、（車などが）進
む、～を巻く、転がす

使い方 The ball rolled under the car.
「ボールは車の下に転がりこんだ」

# beat 動

ペチーン

意味 ～を打つ、たたく、～に勝つ、脈打つ

使い方 I beat my father at chess boxing.
「チェスボクシングで私は父に勝った」

beat-beat-beaten

# shake 動

意味 ～をゆらす、振る、揺れる、
ふるえる

使い方 They shook their hands and left there.
「彼らは握手をしてそこを去った」

shake-shook-shaken

---

# blow 動

意味 （風が）吹く、～を吹く

使い方 She blew on her coffee to cool it down.
「彼女はコーヒーを冷まそうと息を吹きかけた」

blow-blew-blown

---

# dig 動

意味 ～を掘る、掘り出す

使い方 My dog dug out some gold from the ground
yesterday.
「うちの犬が昨日地面から金を掘り出しました」

dig-dug-dug

# hide 動

意味 ～を隠す、隠れる

使い方 Actually, that's my gold which I hid last night.
「実はそれ、昨晩僕が隠した金なんです」
hide-hid-hidden

# discuss 動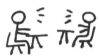

意味 ～を議論する、話し合う（× discuss about）

使い方 Why don't we discuss how we should divide that gold?
「その金をどう分けるべきか議論をしませんか？」

# offer 動

意味 ～を提供する、～を申し出る

使い方 I have nothing to offer you.
「あなたに提供できるものは何もありません」

# claim 動

意味 ～だと主張する、～を提供する

使い方 I claim that the gold is mine !

「その金は私のものだと主張する！」

# promise 動

意味 （を）約束する

使い方 You shouldn't promise what you can't do.
「出来ないことを約束すべきではない」

# express 動

意味 〜を表現する

使い方 I expressed my gratitude to my parents.
「両親に感謝の気持ちを表現した」

# suggest 動

意味 〜を提案する、〜をほの
めかす

使い方 I suggested that she should read the book.
「私は彼女にその本を読むように提案した」

# explain 動

意味 〜を説明する

使い方 Explain what you think about my lovely cat.
「私のステキな猫についてどう思っているのか説明しなさい」

# support 動

意味 〜を支援する（支持する）、
〜を養う

使い方 My uncle supports my study.
「私の伯父は私の研究を支持してくれている」

# serve 動

意味 （食べ物）を出す、（の）
役に立つ、〜のために働く

使い方 A servant served some fruits to the king.
「召し使いは果物を王様に出しました」

# share 動

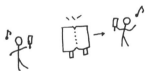

意味 〜を分け合う

使い方 Let's share an umbrella.
「相合傘をしよう」

# gather 動

**意味** ～を集める、集まる

**使い方** My grandma gathered some blackberries from her little garden.

「お婆ちゃんが小さなお庭からブラックベリーを集めて来てくれました」

---

# belong 動

**意味** 属している

**使い方** I belong to the local soccer team.

「地元のサッカーチームに所属しています」

---

# depend 動

**意味** 頼る、次第である

**使い方** It depends on you whether we go or not.

「私達が行くか行かないかはあなた次第です」

---

# miss 動

**意味** ～に乗り遅れる、～を逃す、～がいなくてさみしく思う

使い方 I ran to the station only to miss the last train home.

「駅まで走っていったが、終電に乗り遅れただけだった」

---

# fail 動

意味 ～を怠る、失敗する、（試験に）落ちる

使い方 If you had not studied last night, you would have failed the exam.

「もし昨晩勉強していなかったなら、試験に失敗していただろう」

---

# hurt 動

意味 ～を傷つける、～の気分を害する、（体の一部が）痛む

使い方 She hurt her leg.

「彼女は足を怪我した」　hurt-hurt-hurt

---

# suffer 動

意味 （苦痛）を経験する、（で）苦しむ

使い方 She suffered terrible pain from her injury.
「彼女は怪我によるひどい痛みに苦しんだ」

# recover 動

意味 （病気、苦しみなどから）
　　 回復する、立ち直る(from)、〜を取り戻す

使い方 She recovered from her injury.
　　 「彼女は怪我から回復した」

# arrange 動

意味 （を）手配する、〜をき
　　 ちんと並べる

使い方 We have arranged an appointment for next
　　 Thursday.
　　 「私達は来週の木曜日に会う約束を取り決めた」

# fit 動

意味 （大きさなどに）合う、
　　 （考えなどに）合う

使い方 The dress fits her very nicely.
　　 「そのドレスは彼女にとてもよく似合っている」

# manage 動

意味 〜をなんとかやり遂げる
(to do)、〜を運営する、〜を処理する

使い方 I managed to reach the summit of Mt. Fuji.
「なんとか富士山の頂上に到着することができた」

# prepare 動

意味 (に対して) 準備を整え
る(for)、〜を準備する

使い方 I prepared some meals for the children.
「その子供達のために食事を用意しました」

# count 動

意味 (を) 数える、重要である

使い方 Wait till I count five.
「5秒数えるまで待ってて」

# contain 動

意味 〜を含む

使い方 Carrots contain carotene.

# fill 動

意味 ～を（～で）満たす
(with)、いっぱいになる

使い方 I was sad to see my daughter filled the bath tub with milk.
「娘が浴槽を牛乳でいっぱいにしたのを見て悲しかった」

# pour 動

意味 ～を注ぐ、流し込む、（どっと）流れ出る、噴き出る

使い方 Please don't pour milk into the bath tub.
「浴槽にミルクを注がないでください」

# spill 動

意味 ～をこぼす、こぼれる

使い方 I'm sorry, but I spilled some milk.
「すみません。ミルクをこぼしてしまいました」

# collect 動

**意味** ～を集める、集まる

**使い方** Some people collect used stamps.
「使用済みの切手を集める人もいる」

# cause 動

**意味** ～の原因となる、～を引
き起こす

**使い方** The typhoon caused long delays in bus service.
「台風はバスの運行に大幅な遅れを引き起こした（台
風のためバスの運行が大幅に遅れた）」

# develop 動

**意味** ～を発達させる、発達する、～を開発する

**使い方** We developed a new technology.
「我々は新しい技術を開発した」

# create 動

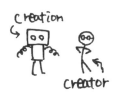

**意味** ～を創り出す

**使い方** I created this robot in order to help old people.

「お年寄りの人びとを助けるためにこのロボットを創りました」

# design 動

意味 ～を設計する、～を計画する

使い方 I designed this robot.
「私はこのロボットを設計しました」

# produce 動

意味 ～を生産する

使い方 This factory was build to produce cars.
「この工場は車を生産するために建てられました」

# solve 動

意味 ～を解決する、～を解く

使い方 I solved a really difficult puzzle.
「とても難しいパズルを解きました」

# allow 動

意味 ～を許す

使い方 Allow me to introduce myself.
「自己紹介をさせてください」

---

# prove 動

意味 ～を証明する、～だと分かる (to be)
使い方 My friend proved me that one plus one equals two.
「友人は1足す1は2だと私に証明した」

---

# equal 形

意味 等しい、平等な
使い方 One plus one equals two.
「1 + 1 = 2」

---

# correct 形

意味 正しい
使い方 That's correct.
「その通りです」

# control

意味 〜を支配する

使い方 A stranger tried to control my mind.
「見知らぬ人が私の精神を支配しようとしてきました」

---

# limit

意味 制限する

使い方 My monthly allowance is limited to 2000 yen.
「私の 1 か月のおこづかいは 2000 円に制限されています」

---

# divide

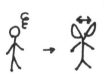

意味 〜を分ける、divide A into B (AをBに分ける)

使い方 I divided my head into two parts.
「頭を 2 つに割りました」

---

# deal

意味 (を) 処理する(with)

使い方 I had to deal with this

problem.
「この問題を処理しなければならなかった」
deal-dealt-dealt

# remove

意味 ～を取り去る、取り除
　　く、～を解雇する

使い方 You need to remove dusts on the floor.
「床の埃を取り除く必要がある」

# remain

意味 ～のままである、残る

使い方 I remained silent for 20 minutes.
「私は 20 分間静かなままでいた」

# boil

意味 沸騰する、～を沸かす、
　　ゆでる

使い方 Water boils at 100 degrees Celsius.
「水は摂氏 100 度で沸騰する」

# fry 動

意味 ～を炒める、～を揚げる

使い方 Fry the onions until they are golden.
「玉ねぎをきつね色になるまで炒めなさい」

---

# freeze 動

意味 凍る、動かなくなる

使い方 The water pipe froze.
「水道管が凍ってしまった」 freeze-froze-frozen

---

# burst 動

意味 破裂する、突進する

使い方 The water pipes burst in the cold weather.
「寒さで水道管が破裂した」
burst-burst-burst

---

# melt 動

意味 溶ける、～を溶かす

使い方 We need to melt the ice inside this water pipe.
「この水道管の中の氷を溶かす必要がある」

# fix 動

**意味** ～を修理する、～を固定
する、～を決定する

**使い方** I can fix that.
「直せますよ」

---

# repair 動

**意味** ～を修理する

**使い方** We can repair anything.
「我々は何でも直せる」

---

# measure 動

**意味** ～を測る、～の大きさがある

**使い方** He measured my height carefully.
「彼は慎重に私の身長を測った」

---

# praise 動

**意味** ～を褒める

**使い方** My father praised me for the result of the exam.
「父は試験の結果のことで私を褒めてくれた」

# admire 動

意味 〜を賞賛する、〜に感心
（感嘆）する、〜に見惚れる

使い方 I admire you.
「感心するよ」

---

# dislike 動

意味 〜を嫌う

使い方 I dislike big cities.
「大都会が嫌いだ」
　　←→ like　動詞　〜を好む

---

# disagree 動

意味 〜と意見が合わない、一致しない

使い方 I disagree with you.
「あなたの意見には反対です」
　　←→ agree 動詞　同意する、賛成する、意見が一致する

---

# puzzle 動

意味 〜を困らせる、当惑させる

使い方 It puzzles me why she said that.
「彼女が何故そんなことを言ったのか分からず、私は困ってしまった」

---

# stick 動

意味 くっつく、〜をくっつける、突き出る、突き刺す

使い方 My daughter wanted to stick a stamp on the envelope.
「娘が封筒に切手を貼りたがっていた」

stick-stuck-stuck

---

# bear 動

意味 〜に耐える、〜を持つ

使い方 She couldn't bear the snoring of her husband.
「彼女は夫のいびきに耐えられなかった」

bear-bore-borne

---

# nod 動

意味 うなずく

使い方 He nodded in agreement with his friend.
「彼は友人に賛成してうなずいた」

# strike 動

**意味** （考えなどが人の）心に
浮かぶ、〜を打つ、〜の
心を打つ、（災害、病気などが）〜を襲う

**使い方** Her words struck me.
「彼女の言葉は私の心を打った」
strike-struck-struck

# slip 動

**意味** 滑る、滑って転ぶ、〜を滑り込ませる、（記憶などが）
消える

**使い方** Be careful not to slip on the ice !
「氷で滑らないように気をつけて！」

# bend 動

**意味** 〜を曲げる、曲がる、身を屈める

**使い方** He bent an iron rod with bare hands.
「彼は鉄の棒を素手で曲げた」

# float 動

意味 漂う、浮かぶ、〜を浮かべる
使い方 Wood usually floats on water.
「木は普通水に浮く」

---

# sail 動

意味 航行する、出航する、（船）を操作する
使い方 I sailed the seven seas.
「七つの海を航海した」

---

# escape 動

意味 逃げる、〜を逃れる
使い方 One prisoner has escaped from his cell.
「一人の囚人が脱獄した」

---

# apply 動

意味 （に）あてはまる、〜を応用する、〜を申し込む
使い方 He applied for a job.
「彼は仕事に申し込んだ」

# attend 動

意味 ～に出席する、（学校な
ど）に通う、～を注意して聞く、～の世話をする(to)

使い方 I attended the meeting.
「ミーティングに出席した」

# succeed 動

意味 ～に成功する(in)、成功す
る、～の跡を継ぐ

使い方 All my plans have succeeded.
「私の計画は全てうまくいった」

# vote 動

意味 （～に賛成の、反対の）投票をする(for, against)

使い方 I voted for him.
「私は彼に投票した」

# occur 動

意味 起こる、（考えなどが）
浮かぶ(to)

**使い方** The strangest thing occurred.
「世にも奇妙な事が起こった」

---

# tend 動

**意味** （〜する）傾向がある(to do)

**使い方** When I choose clothes, I tend to go for green ones.
「服を選ぶときは緑色のものを選ぶ傾向がある」

---

# inform 動

**意味** 〜を知らせる　inform A of (about) B（AにBのことを知らせる）

**使い方** The notice informed us of the time and place of the meeting.
「その通知によって私達はミーティングの時間と場所を知った」

---

# announce 動

**意味** 〜と発表（公表）する、〜を知らせる

**使い方** The president announced that the meeting will be delayed.

# cancel

意味 〜を取り消す、中止する
≒ call off

使い方 The meeting was canceled.
「ミーティングは中止になった」

# reply

意味 （と）答える、返事をする

使い方 Please reply this email within 5 minutes.
「このメールに５分以内に返信してください」

# mention

意味 〜に言及する、〜を話に出す

使い方 Now that you mention it, his behavior was a little strange.
「そう言われてみれば、彼の振る舞いは少し奇妙でした」

# repeat 動

意味 ～を繰り返す、繰り返し
て言うrepeat like a parrot（おうむ返し）

使い方 The teacher repeated the sentence again and again.
「先生はその文を何度も繰り返し言った」

# relax 動

意味 ～をくつろがせる、くつ
ろぐ

使い方 Just sit on the couch and relax.
「ソファーに座ってくつろいで」

# weigh 動

意味 ～の重さがある、体重～
である、～の重さを量る

使い方 I weigh a little over 60 kg.
「私は60キロちょっとの体重があります」

# appear 動

意味 〜のように見える、現れる

使い方 A deer appeared out of nowhere.
「どこからともなく鹿が現れた」

---

# disappear 動

意味 見えなくする、姿を消す、なくなる

使い方 I'm so ashamed that I wish I could disappear.
「恥ずかしくて消えてしまいたい」

---

# perform 動

意味 （仕事、手術など）を行
う、（を）上演する、演奏する

使い方 The doctor performed an operation on him.
「医者は彼に手術を行った」

---

# behave 動

意味 振る舞う、行動する

使い方 He behaved like a child.
「彼は子どものように振る舞った」

# hunt 動

意味 ～を狩る、～を求める

使い方 My grandfather loved to hunt.
「私の祖父は狩りが大好きだった」

---

# aim 動

意味 ～を狙う(at)

使い方 He aimed his gun at the turkey.
「彼は七面鳥に銃で狙いを定めた」

---

# load 動

意味 ～を積み込む

使い方 They helped me load hay on the truck.
「彼らはトラックに干し草を積むのを手伝ってくれた」

---

# deliver 動

意味 ～を配達する、届ける、
（演説など）をする

使い方 I delivered his message to her.
「私は彼のメッセージを彼女に届けた」

# provide 動

**意味** 〜を提供する

**使い方** Our sponsor provides enough amount of money.
「我々のスポンサーは十分な資金を提供してくれる」

---

# publish 動

**意味** 〜を出版する、（記事など）を掲載する、〜を発表する

**使い方** I want to publish a novel in the future.
「将来は小説を出版したいです」

---

# propose 動

**意味** 〜を提案する

**使い方** My boss proposed solutions to the problems.
「上司は問題に対する解決案を提案してきた」

---

# link 動

**意味** 〜をつなぐ、〜とつながる、〜を関連づける

使い方 His disease can be linked to smoking.
「彼の病気は喫煙に関係があると考えられる」

# advise 動

意味 〜に忠告する、勧める
advise A to do

使い方 The doctor advised me to quit smoking.
「医者は私にタバコをやめるように忠告した」

# warn 動

意味 （人）に警告する

使い方 The doctor warned me that too much smoking
might kill me.
「医者はタバコを吸いすぎると死んでしまうかもしれ
ないと私に警告してきた」

# accept 動

意味 〜を受け入れる

使い方 I accepted my fate.
「私は自分の運命を受け入れた」

# protect 動

意味 ～を保護する、～を守る

使い方 I can protect myself.
「自分の身は自分で守れます」

# complain 動

意味 （～であると）不平を
言う(that)

使い方 I try not to com-
plain too much.
「あまり文句を言わないようにしている」

# argue 動

意味 ～と主張する、議論する

使い方 She argued that it was my fault.
「彼女はそれが私のせいだと主張した」

# bet 動

意味 ～を確信している、～を
賭ける

**使い方** I bet all my savings on the horse.
「私は全財産をその馬に賭けた」
bet-bet-bet

# gain 動

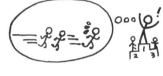

**意味** ～を得る、～を増す

**使い方** Finally, I gained a victory.
「私はついに勝利を掴んだ」

# earn 動

**意味** ～を稼ぐ

**使い方** My dream is to earn
500,000 yen after tax a month.
「私の夢は手取りで月50万円稼ぐことだ」

# owe 動

**意味** BにAの借金がある(owe
A to B/owe B A)、AはB
のおかげである

**使い方** He owes me 100 yen.
「彼は私に100円借金している」

# reserve 動

意味 ～を予約する、～を取っ
ておく

使い方 I have already reserved a room for us.
「すでに部屋は予約済みだよ」

---

# separate 動

意味 ～を分離する、分ける

使い方 My sister is really good at separating an egg
into yolk and white.
「私の姉は卵の黄身と白身を分けるのが本当にうまい」

---

# spare 動

意味 ～を取っておく、～を割く

使い方 Could you spare me a few minutes?
「少しお時間を割いては頂けないでしょうか？」

---

# steal 動

意味 ～を盗む

使い方 The guy in the Santa Claus suit stole my bicycle.

「サンタクロースの衣装の男が私の自転車を盗んだんだ」

steal-stole-stolen

---

# deny 動

意味 〜を否定する、〜を与えない

使い方 The guy denied that he stole my bicycle.
「そいつは私の自転車を盗んだことを否定した」

---

# blame 動

意味 〜のせいにする、〜を非難する

使い方 The guy blamed it for his reindeers.
「そいつはそのことをトナカイのせいにした」

---

# prevent 動

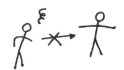

意味 〜を防ぐ、さまたげる

使い方 The heavy rain prevented us from going to the concert.
「激しい雨は私たちがコンサートに行くのを妨げた（激しい雨のせいで私たちはコンサートに行けなかった）」

# continue 動

意味 　続く、を続ける(to do)

使い方 　It will continue to rain until tomorrow.
「雨は明日まで降り続くでしょう」

# ruin 動

意味 　〜をだめにする、台無しにする

使い方 　Due to the heavy storm, the concert was ruined.
「激しい嵐のせいで、そのコンサートは台無しになった」

# wise 形

意味 　賢い、賢明な

使い方 　It was wise of him to take his umbrella with him.
「彼が傘を持って行ったのは賢明だった」

# realize 動

意味 （頭で考えて、能動的に）
～に気が付く、～を実現する

使い方 I didn't realize how late it was.
「こんな時間になっていたなんて気が付かなかった」

---

# notice 動

意味 （視界に入って、受動的
に）～に気付く、～と分かる

使い方 I didn't notice the street sign.
「私はその道路標識に気が付かなかった」

---

# regard 動

意味 ～を（～と）みな
す、考える(as)

使い方 I regard him as a genius.
「私は彼を天才とみなしています」

---

# compare 動

意味 ～を（～と）比較する(with/to)、～を（～に）例え

る(to)
**使い方** He compared me to his sister.
「彼は私を彼の姉と比べた」

# examine 動

**意味** 〜を調べる、〜を診察する、〜に試験をする

**使い方** My bag was closely examined for contraband goods.
「密輸品が入っていないかどうかわたしの鞄は念入りに調査された」

# describe 動

**意味** （特徴など）を描写する、〜を説明する

**使い方** Please describe what happened.
「何が起こったか説明してください」

# act 動

**意味** 活動する、役割を果たす(as)、演じる

使い方 She acted like she doesn't know anything about the accident.
「彼女は事故については何も知らないかのように振る舞った」

---

# pause 動

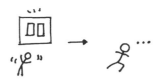

意味 （動作などを）休止する、ためらう

使い方 My sister paused to tie her shoes.
「姉は立ち止まって靴紐を結んだ」

---

# forgive 動

意味 〜を許す

使い方 Please forgive me for breaking your vase.
「花びんを壊してしまったことを許してください」
forgive-forgave-forgiven

---

# improve 動

意味 〜を上達させる、〜を改善する

使い方 You have to improve your

English.
「英語を上達させなければなりません」

# complete 動

意味 ～を完成させる

使い方 He has finally completed his project.
「彼はついに計画を完成させた」

# rid 動

意味 ～を取り除く、get rid
of (よくないもの)を取り除く、処分する、(病気な
ど) から抜け出す

使い方 I got rid of the old computer.
「その古いコンピュータを処分した」

rid-rid-rid
get rid of ～ 「～を取り除く、片付ける」

# dump 動

GARBAGE

意味 ～を捨てる、～をどさっ
とおろす

使い方 Don't dump waste in the river.
「川に廃棄物を捨てるな」

# bite 動

意味 ～を噛む、刺す
使い方 The monkey bit me on the hand.
「猿が私の手に噛み付いた」
bite-bit-bitten

# scream 動

意味 悲鳴をあげる、金切り声
をあげる
使い方 I screamed for help.
「助けを求めて叫んだ」

# aware 形

意味 ～に気づいている(of/
that ～)
使い方 I became aware of her looking at me.
「彼女が私を見ていることに気づいた」

# stare 動

意味 ～をじっと見る、見つめる

使い方 She stared straight into my eyes.
「彼女はまっすぐ私の目を見た」

# violent 形

意味 暴力的な

使い方 After a couple of drinks, she turned violent.
「酒を２、３杯飲むと、彼女は暴力的になった」

# still 副

意味 今でも、まだ、（比較級
と用いて）なお、いっそう

使い方 I am still in love with her.
「彼女をまだ愛している」

# serious 形

意味 重大、深刻な、本気の、
真剣な

使い方 He is serious about marrying her.
「彼は彼女との結婚に真剣だ」

# marry 動

意味 ～と結婚する

使い方 Will you marry me?
「結婚してくれませんか？」

# terrible 形

意味 ひどい、恐ろしい

使い方 Even though this cake you made tastes terrible,
I still love you.
「君が作ったこのケーキの味が酷くても、君の事を愛
してるよ」

# add 動

意味 ～を加える、～を言い添
える、足し算をする、増す

使い方 She added too much sugar to this cake.
「彼女はこのケーキに砂糖を入れすぎたのだ」

# mark 動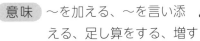

意味 ～に印をつける

使い方 He marked the tree with his knife.
「彼はその木にナイフで印をつけた」

# bright 形

意味 明るい、頭のいい
使い方 The moon is very bright tonight.
「今夜は月がとても明るい」

# stretch 動

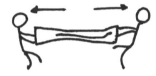

意味 〜を広げる、伸ばす、
（土地などが）広がる
使い方 She stretched her arms and yawned.
「彼女は腕をいっぱいに伸ばしてあくびをした」

# lean 動

意味 傾く、寄りかかる
使い方 He leaned against the wall.
「彼は壁に寄りかかった」

# bury 動

意味 ～を埋める、～を埋葬する

使い方 My brother tried to bury me alive.
「弟は私を生き埋めにしようとした」

---

# seek 動

意味 ～を求める、～を得よう
とする

使い方 Some people try to seek meaning in their lives.
「人生に意味を見出そうとする人たちもいる」
seek-sought-sought

---

# human 形

意味 人間の、人類の

使い方 It's only human nature.
「それが人間の性（さが）だ」

---

# rob 動

意味 奪う

使い方 A robber robbed the man of his watch.

「強盗たちはその男から時計を奪った」
rob A of B「A から B を奪う」

# chase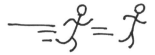

意味 ～を追いかける、追い求める
使い方 Police are chasing after the robber.
「その強盗を警察官が追っています」

# broadcast

意味 ～を放送する
使い方 The news of the inci-
dent was broadcast
live last night.
「その事件のニュースは昨晩生放送された」
broadcast-broadcast-broadcast（アメリカ英語では時に -ed）

# whole

意味 全体の、全部の
使い方 This event is known to the whole world.
「この出来事は全世界に知られている」

# thin 形

**意味** (人が) 痩せている、細
い、(物が) 薄い、細い

**使い方** The robber named Rob is tall and thin.
「ロブという名前の強盗は背が高くて痩せている」

# silent 形

**意味** 沈黙した、静かな

**使い方** The suspect remained silent.
「容疑者は黙ったままだった」

# professional 形

**意味** プロの、専門職の

**使い方** Rob is actually a pro-
fessional baseball
player.
「ロブは実はプロ野球選手です」

# foreign 形

**意味** 外国の

# broad

意味 広い
使い方 This road is a really broad road.
「この道は本当に広々とした道だ」

# narrow

意味 （幅が）狭い、細い
使い方 Chile is a long, narrow country.
「チリは細長い国だ」
←→ broad, wide　形容詞　広い

# thick

意味 厚い、（液体などが）濃い、太い
使い方 He has a thick breast.
「彼は胸板が厚い」

# alive 形

**意味** 生きている、生き生きとした、活発な

**使い方** I microwaved a tardigrade for 5 minutes, but it was still alive.
「クマムシを5分間電子レンジにかけてみたが、まだ生きていた」

---

# tiny 形

**意味** とても小さい

**使い方** Look at that tiny bug and tell me how you think about it.
「あの小さな虫を見て、どう思うか教えてください」

---

# empty 形

**意味** からの、中身のない

**使い方** This jar is empty.
「この瓶は空っぽだ」

# cheap 形

意味 安価な、安っぽい
使い方 Tomatoes are cheap in the summer months.
「トマトは夏の間安い」

---

# social 形

意味 社会の
使い方 Today's topic is social problems.
「本日の論題は社会問題です」

---

# local 形

意味 地元の、その地方の、各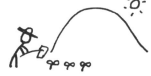
駅停車の（rural：田舎の、という意味は含まない）
使い方 The local people were against the new law.
「地元の人々は新しい法律に反対した」

---

# modern 形

意味 現代の、近代の
使い方 The theme of her report is modern art.
「彼女のレポートのテーマは現代美術です」

# common 形

意味 普通の、ありふれた、共通の

使い方 This spelling mistake is an error common among students.
「このスペルミスは学生にありがちな間違いです」

---

# general 形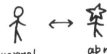

意味 一般的な、全体的な

使い方 In general, women live longer than men.
「一般的に女性は男性よりも長生きする」

---

# normal 形

意味 普通の、正常な

使い方 His blood pressure wasn't normal.
「彼の血圧は普通ではなかった」

---

# regular 形

意味 いつもの、規則正しい、
一定の、常連の

使い方 She has a regular pulse.

「彼女の脈拍は規則正しい」

# main 形

意味 主な、主要な

使い方 I noted down the main points of her speech.
「彼女の演説の要点を書き記した」

# central 形

意味 中央の

使い方 His house is located at the central part of the city.
「彼の家は市の中心部に位置している」

# middle 形

意味 真ん中の、中間の

使い方 I part my hair in the middle.
「私は真ん中のところで髪を分けている」

# enough 形

意味 十分な

<table>
<tr><td>使い方</td><td>I had enough time to visit him.</td></tr>
</table>

使い方 I had enough time to visit him.
「彼を訪ねるのに十分な時間があった」

# several 形

意味 いくつかの、いく人かの
使い方 I went to Mexico several years ago.
「私は何年か前にメキシコに行った」

# gentle 形

意味 優しい、穏やかな
使い方 Be gentle when you brush the baby's hair.
「赤ちゃんの髪をとかすときは優しくしてね」

# fair 形

意味 公平な、妥当な、正しい、(数、量などが) かなりの
使い方 All's fair in love and war.
「恋と戦争では手段を選ばない (恋と戦争においては
全てが公平だ)」

# active 形

**意味** 活発な、積極的な

**使い方** Despite her age, she is quite active.
「年のわりには彼女はすこぶる活発だ」

# positive 形

**意味** 積極的な、肯定的な、明確な

**使い方** I like your positive way of thinking.
「あなたの肯定的な物事の考え方が好きです」

# possible 形

**意味** 可能な、あり得る

**使い方** I found it possible to succeed in the business.
「その事業でうまくいく可能性があると分かった」

# certain 形

**意味** ある〜、特定の〜、いくぶんかの、確信している、確かである

**使い方** I am certain that this will succeed.
「これが成功すると確信している」

# likely 形

**意味** ありそうな、〜し
そうである

**使い方** It is likely to succeed.
「成功しそうです」

# chief 形

**意味** 主要な、主任の

**使い方** I am the chief accountant here.
「私はここの主任会計士です」

# crowded 形

**意味** 混雑した、込み入った

**使い方** The bus is very crowded with students this
morning.
「今朝はバスが学生達でとても混んでいる」

# similar 形

意味 ～に類似した、よく似た

使い方 My opinions are similar to yours.
「私の意見は君の意見に似ている」

# dangerous 形

意味 危険な

使い方 This river is danger-ous to swim in.
「この川は泳ぐには危険だ」

# require 動

意味 ～を必要とする、～を要求する

使い方 You are required to wear a helmet here.
「ここではヘルメットを着用することが要求されている」

# beg 動

意味 ～を懇願する、～を求める(for)

**使い方** I beg you !
「お願いですから！」

........................................................................

# necessary 形

**意味** 必要な、不可欠な
**使い方** Sleep is necessary for good health.
「睡眠は健康に不可欠だ」

........................................................................

# basic 形

Basic level　High level　Top level

**意味** 基礎の、基本の
**使い方** I have two basic questions.
「基本的な質問が２つあります」

........................................................................

# former 形

2018　　2019　　2020

**意味** 前の、以前の、元の
**使い方** Do you know the name of the former president?
「まえの大統領の名前を知っていますか？」

←→ latter　形容詞　後の、後半の、終わりの

........................................................................

# proper 形

**意味** 適切な、（社会的に）正式な、ちゃんとした

**使い方** Is this the proper time to plant strawberries?
「今はイチゴを植えるのに適切な時期だろうか？」

---

# female 形

**意味** 女性の、雌の

**使い方** Jacqueline is a female name.
「ジャックリンは女性の名前です」

---

# male 形

**意味** 男性の、雄の

**使い方** That person is definitely a male.
「あの人物は紛れもなく男性だ」

---

# brave 形

**意味** 勇敢な、勇ましい

**使い方** You must be so brave to save a child from the robber.

# responsible 形

意味 責任がある

使い方 A bus driver is re-
sponsible for safety
of the passengers.
「バスの運転手は乗客の安全に責任がある」

# clever 形

意味 頭の良い、利口な、ずる
賢い

使い方 It is clever of him to solve the problem.
「その問題を解くとは彼は頭が良い」

# silly 形

意味 愚かな、ばかな、子供じみた（※笑われて済まされる
レベルの愚かさ、かわいいばか）

使い方 Don't be silly.
「ばかな事を言っては（しては）いけない」

# stupid 形

意味 ばかな（※救いようのないばか）

使い方 I made a stupid mistake.
「私はバカバカしい間違いをした」

---

# foolish 形

意味 ばかな（※sillyとstupid
の間、うっかりばか）

使い方 I was young and foolish at that time.
「私は当時若くて愚かだった」

---

# polite 形

意味 礼儀正しい、丁寧な

使い方 Be polite to others.
「他人に礼儀正しくしなさい」

---

# blind 形

意味 盲目の、目の見えない

使い方 I am as blind as a bat without glasses.
「私はメガネがないと何も見えない（私は眼鏡がない

とコウモリと同じくらい目が見えません）」

# deaf 形

意味 耳が聞こえない
使い方 He is deaf in one ear.
　　　「彼は片耳が聞こえない」

# native 形

意味 母国の、出生地の、ある
　　　土地（国）に生まれた（育った）
使い方 My native language is Japanese.
　　　「私の母国語は日本語です」

# square 形

意味 平方〜、正方形の、四角い
使い方 First of all, draw a square.
　　　「まず初めに、正方形を描きなさい」

# sharp 形

意味 鋭利な、よく切れる

The knife has a sharp edge.
「そのナイフには鋭い刃が付いている」

.........................................................

# plain 形

plain view
まる見え

意味 簡単な、明白な、質素な、地味な

使い方 I like plain dresses.
「私は飾りのないドレスが好きです」

.........................................................

# smooth 形

意味 なめらかな

使い方 Her skin is smooth as silk.
「彼女の肌はとてもなめらかだ」

.........................................................

# away 副

5km

意味 (〜から) 離れて (from 〜)、遠くに、あちらへ、留守で

使い方 Stay away from me！
「私から離れて！」

# around 副

**意味** まわりを（に）、あちこ
ちを（に）

**使い方** After she said that, she began to run around
me.
「彼女はそう言ってわたしの周りを走り始めた」

# nervous 形

**意味** （〜について）不安で
(about)、神経質な、緊張して、神経（性）の

**使い方** I tend to be nervous when I speak with a
stranger.
「見知らぬ人と話をするとき緊張しやすいです」

# strict 形

**意味** 厳しい

**使い方** Our teacher is very strict.
「私たちの先生はとても厳しいです」

# steady 形

**意味** 一定の、安定した、着実な

**使い方** You need a steady job.
「あなたには安定した仕事（定職）が必要よ」

# さくいん

**著者プロフィール**

**高英 令奈。**（たかえい れな）

愛知県出身
3人の子供を持つ母

**棒人間で覚える英単語**

2020年10月15日　初版第1刷発行

著　者　高英 令奈。
発行者　瓜谷 綱延
発行所　株式会社文芸社
　　　　〒160-0022　東京都新宿区新宿1−10−1
　　　　　　　　電話 03-5369-3060（代表）
　　　　　　　　　　 03-5369-2299（販売）

印刷所　株式会社フクイン